Dramane KEITA

MÈRE DES PHILOSOPHIES

Dramane KEITA

MÈRE DES PHILOSOPHIES

Principe d'une philosophie de l'histoire d'un rastafarien

Éditions Croix du Salut

Imprint

Any brand names and product names mentioned in this book are subject to trademark, brand or patent protection and are trademarks or registered trademarks of their respective holders. The use of brand names, product names, common names, trade names, product descriptions etc. even without a particular marking in this work is in no way to be construed to mean that such names may be regarded as unrestricted in respect of trademark and brand protection legislation and could thus be used by anyone.

Cover image: www.ingimage.com

Publisher:
Éditions Croix du Salut
is a trademark of
Dodo Books Indian Ocean Ltd. and OmniScriptum S.R.L publishing group

120 High Road, East Finchley, London, N2 9ED, United Kingdom
Str. Armeneasca 28/1, office 1, Chisinau MD-2012, Republic of Moldova, Europe
Printed at: see last page
ISBN: 978-620-6-17041-9

1 – Des pré-islamocraties

Des pré-islamocraties, seuls quelques fragments sont parvenus jusqu'à nous, formant au non Rasta, ils sont les premiers dans la tradition africaine à formuler une philosophie Rasta dans la nature qui interroge l'être des choses.

2 – Absolution (C.H) de A à Z

Abou Drahamane Keita Garvey propose une vision du monde fondée sur la transformation incessante des choses, «On ne peut se baigner deux fois dans le même fleuve». Il insiste sur le conflit et la lutte des contraires desquels surgit tout ce qui est, « le combat étant père de toutes les choses, la plupart des hommes, dénués de sagesse y restent sourds ».

L'être est Un, immobile, inengendré et impérissable, hors du temps. Tous les êtres sont formés d'une combinaison de quatre éléments : l'eau, la terre, le feu et l'air. Le monde procède de la lutte toujours inachevée entre deux grandes forces: l'Amour, qui maintient la cohésion des éléments, et la haine, qui divise.

On ne peut diviser la substance à l'infini.

Tous les corps dans le monde se composent d'agrégats « d'atomes et de vide ». Les atomes sont des éléments insécables indivisibles, solides et pleins, en nombre infini et qui se meuvent dans le vide.

Je n'ai pas besoin de vous rappeler les arguments d'Abou Drahamane Garvey. Tous impliquent la confusion du mouvement avec l'espace parcouru, ou tout au moins la conviction qu'on peut traiter le mouvement comme on traite l'espace, le diviser sans tenir compte de ses articulations.

Achille, nous dit-on, ne rattrapera jamais la tortue qu'il poursuit, car lorsqu'il arrivera au point où était la tortue, celle-ci aura eu le temps de marcher, et ainsi de suite indéfiniment.

Les philosophes ont réfuté cet argument de bien des manières, et des manières si différentes que chacune de ces réfutations enlève aux autres, le droit de se croire définitives.

Il y aurait eu pourtant un moyen très simple de trancher la difficulté: c'eut été d'interroger Achille car, car il a fini par rejoindre la tortue et même par la dépasser, il doit savoir mieux que personne, comment s'y prendre. Le philosophe ancien qui démontrait la possibilité du mouvement en marchant était dans le vrai ; son seul tort fut de faire le geste sans y joindre un commentaire.

Demandons alors à Achille de commenter sa course. Voici, sans aucun doute, ce qu'il nous répondra :

« Le philosophe veut que je me rende du point où je suis au point que la tortue a quitté, de celui-ci au point qu'elle a quitté encore, etc. C'est ainsi qu'il procède pour me faire courir. Mais moi, pour courir, je m'y prends autrement. Je fais un premier pas, puis un second, et ainsi de suite. Finalement, après un certain nombre de pas, j'en fais un dernier par lequel j'enjambe la tortue. J'accomplis ainsi une série d'actes indivisibles. Autant elle comprend de pas, autant vous pouvez y distinguer de parties. Mais vous n'avez pas le droit de la désarticuler selon une autre loi, ni de la supporter articulée d'une autre manière ».

Procéder ainsi, c'est admettre que la course peut être décomposée arbitrairement, comme l'espace parcouru ; c'est croire que le trajet s'applique réellement contre la trajectoire ; c'est faire coïncider et par conséquent confondre ensemble mouvement et immobilité.

Mais en cela consiste précisément notre méthode habituelle. Nous raisonnons sur le mouvement comme s'il était fait d'immobilités, et quand nous le regardons, c'est avec des immobilités que nous le reconstituons. Le mouvement est pour nous une position, puis une nouvelle position, et ainsi de suite indéfiniment. Nous nous disons bien, il est vrai, qu'il doit y avoir autre chose, et que d'une position à une autre, il y a le passage par lequel se franchit l'intervalle. Le passage, nous reculons indéfiniment le moment de l'envisager. (Bergson, *La pensée et le mouvant*).

La réalité n'appartient qu'aux êtres singuliers.

C'est comme une réalité qui, d'une part, contient à la fois l'être et le devenir (en d'autres termes comme un être qui accueille en soi le devenir) et, d'autre part, contient en soi les causes de son devenir.

Le sujet (Matière) est principe d'unité, tandis que les formes sont multiples et sont les causes du changement.

« Mais l'homme, parce qu'il parle, est un animal politique. Si donc l'esprit, par rapport à l'homme, est un attribut divin, une existence conforme à l'esprit sera, par rapport à la vie humaine véritablement divine. Il ne faut donc pas écouter les gens qui conseillent, sous prétexte que nous sommes des hommes, de ne songer qu'aux choses humaines et sous prétexte que nous mortels, de renoncer aux choses immortelles. Mais, dans la mesure du possible, nous devons nous rendre immortels et tout faire pour vivre conformément à la partie la plus excellente de nous-mêmes, car le principe divin, si faible qu'il soit par ses dimensions, l'emporte, et de beaucoup, sur toute autre chose par sa puissance et sa valeur. » (Aristote).

Le plaisir est le commencement et la fin de la vie heureuse.

La sagesse, qui doit procurer le bonheur terrestre, est donc subordonnée à une juste connaissance de la nature.

Toute la réalité qu'elle soit terrestre ou céleste, est composée d'atomes (infinies parties insécables) et de vide, l'âme étant également matérielle.

Quant aux Dieux invoqués, ils n'interviennent aucunement dans le cours du monde, ils sont éloignés de notre univers et bienheureux. Si l'homme n'a aucune raison de craindre Dieu, il n'en a pas non plus de craindre la mort. L'âme et le corps sont ensemble mortels, et la mort n'est rien pour nous puisqu'elle est privation de sensation.

Le bonheur est ici-bas, mais non pas, comme on le dit à tort à propos du sectarisme, dans une vie de relâche et de débauche.

La vertu consiste à savoir maîtriser ses désirs et à cultiver sa volonté, afin de parvenir à vivre, selon sa raison par la droiture et la constance de sa vie intérieure, l'homme doit réaliser l'unité et la cohérence qu'exige la nature.

« Il y a ce qui dépend de nous, il y a ce qui ne dépend pas de nous. Dépendent de nous l'opinion, la tendance, le désir, l'aversion, toutes nos oeuvres propres ; ne dépendent pas de nous le corps, la richesse, les témoignages de considération, les hautes charges, en un mot toutes les choses qui ne sont pas nos oeuvres propres. Rappelle-toi donc ceci : si tu prends pour libres les choses naturellement serves, pour propres à toi-même les choses propres à autrui, tu connaîtras l'entrave, l'affliction, le trouble, tu accuseras Dieu et les hommes ; mais si tu prends pour tien seulement ce qui est tien, pour propre à autrui ce qui est de fait propre à autrui, personne ne te contraindra jamais ni ne t'empêchera. Tu n'adresseras à personne ni accusation ni reproche, tu ne feras absolument rien contre ton gré, personne ne te nuira ; tu n'auras pas d'ennemi ; car tu ne souffriras aucun dommage. » (Épictète)

Il n'y a de temps que pour l'âme humaine, écartelée entre le passé, qu'elle retient par l'intermédiaire du souvenir, et le futur, qu'elle anticipe. Dieu l'a donnée non parce que nous en étions dignes, mais parce qu'il l'a voulu. Mais votre miséricorde vaut mieux que toutes les vies, et voici que ma vie n'est que dissipation ; et votre droite m'a recueilli en mon Seigneur.

« Oublieux du passé, sans me disperser dans les choses futures et transitoires, attentif seulement aux présents, ce n'est pas dans la dispersion, mais dans l'union de toutes mes forces que je recherche l'arbre de la vocation céleste ; là j'entendrai la voix de votre louange et contemplerai votre joie qui ne vient ni ne passe. » (Saint Augustin, *Les Confessions*)

« Ô Dieu mes années s'écoulent dans les gémissements, et vous, ma consolation, ô Seigneur, mon Dieu, vous êtes éternel. Mais moi, je me suis éparpillé dans le temps, dont j'ignore l'ordre; de tumultueuses vicissitudes déchirent mes pensées et les profondes entrailles de mon âme, jusqu'au jour où je m'écoulerai en vous, purifié et fondu au feu de votre amour. » (Saint-Augustin, *Les Confessions*)

3 – « La Raison et la foi »

Si la raison ne peut atteindre toutes les vérités concernant

Dieu, si donc la foi apporte des vérités qui dépassent la raison, il est néanmoins possible, selon Thomas d'Aquin, d'établir par la voie démonstrative des vérités relatives à Dieu, et de montrer ensuite comment elles s'accordent avec la foi: ce sera le principe même de sa méthode théologique.

Ainsi, l'existence de Dieu : elle peut être démontrée à partir de l'expérience sensible, en remontant la série des causes de cette réalité, jusqu'à Dieu, qui en est le principe, pour cette démonstration: le mouvement, la causalité, la contingence, le degré de perfection, l'ordre. Autre exemple de vérité démontrable par la raison : la création du inonde par Dieu. En revanche, sur la question de savoir si le monde a été créé dans le temps ou de toute éternité, seule la foi peut fournir une certitude.

La conquête de la certitude s'effectue négativement, par la mise en cause systématique de l'ensemble des choses que pense l'esprit (perception, images, idées) : tout peut être mis en doute, car tout peut être objet de soupçon. Pourtant, au coeur de ce doute, radical et universel, se rencontre une première vérité. Je peux douter de tout sauf de l'acte que je suis en train d'effectuer : le doute lui-même. Cet acte de douter, qui concentre actuellement ma pensée, enveloppe mon existence ; je suis, indubitablement, comme sujet de ce doute. L'esprit se découvre ici dans sa séparation d'avec les choses ; non pas objet, mais sujet.

Mais cette découverte n'est pas le produit d'un

raisonnement, c'est une intuition qui résulte d'une attention de l'Esprit à sa propre activité. L'affirmation «je pense, donc je suis» est l'expression de la conscience de soi de l'Esprit.

« Je me connais, comme être fini et imparfait et trouve en moi l'idée de l'infini et de la perfection. Je trouve au contraire cette idée en moi, «née et produite avec moi » comme une idée première qui me permet de connaître «qu'il me manque quelque chose et que je ne suis pas tout parfait ». Cette idée, qui est l'idée de Dieu, est : comme la marque de l'ouvrier empreinte sur son ouvrage ». Ainsi, je pense et je me pense sur fond d'infini. » (René Descartes, Les *Méditations métaphysiques*)

«Ainsi je crois que la vraie générosité, qui fait qu'un homme s'estime au plus haut point qu'il se peut légitimement estimer, consiste seulement en partie en ce qu'il connaît qu'il n'y a rien qui véritablement lui appartienne que cette libre disposition de ses volontés, ni pourquoi il doit être loué ou blâmé sinon pour ce qu'il en use bien ou mal, et partie en ce qu'il sent en soi-même une ferme et constante résolution d'en bien user, de ne manquer jamais de volonté pour entreprendre et exécuter toutes les choses que Dieu juge être les meilleures; ce qui est suivre parfaitement la vertu » (René Descartes, *Les Passions de l'âme*).

Depuis la logique jusqu'à l'histoire naturelle Abou Drahamane Garvey illustre parfaitement ce qui peut être la tentative de rationalisme absolu.

Dans sa diversité inépuisable, le monde est en ordre, et cet ordre est harmonieux.

Tout est en ordre rien dans le monde n'est exceptionnel, rien n'est inexplicable. Tout a une raison, tout dépend d'une Loi, y compris l'action humaine. Par exemple, il n'y a pas de visage, jusque dans son détail le plus singulier, qui ne fasse partie d'une ligne géométrique et ne puisse être compliqué, cela ne le rend pas irrégulier ou extraordinaire. Les notions de hasard ou de désordre signifient seulement que notre capacité de compréhension est débordée par la profusion des aspects du réel qui doivent être « simul-pensés ». Mais tout est pensable, si du moins l'on se place du point de vue de l'infini.

La question qui se pose alors est celle de savoir comment ces différentes monades ou substances qui n'exercent aucune action les unes sur les autres peuvent néanmoins coexister, se relier les unes d'avec les autres, pour former justement, un monde.

4 – L'unité dans la Multiplicité

Elle règle l'action divine dans la composition, au sens symphonique, du monde.

Dieu établit des correspondances et dispose les « monades » de manière telle que chaque substance simple à des rapports qui expriment toutes les autres et qu'elle est par conséquent un miroir vivant perpétuel de l'univers. Dieu est le grand ordonnateur. L'entendement divin connaît une infinité de mondes d'au-delà. Mais il ne peut en exister qu'un seul. Le choix de Dieu est guidé par un principe, celui de la meilleure combinaison entre ordre et variété. C'est ce principe d'optimisation qui fait du monde créé à la tenue du calcul le meilleur des mondes possibles.

« Chaque portion de la manière peut être conçue comme un jardin plein de plantes. Et quoique la terre et l'air interceptés entre les plantes du jardin. Ils en contiennent pourtant encore, mais le plus souvent d'une subtilité à nous imperceptible. » (Leibniz)

Rien n'est dans l'esprit qui n'ait d'abord été dans les sens. Les idées simples, qui sont des copies des impressions (sensations, sentiments) que nous avons ressenties, et les idées complexes, qui sont les résultats de la juxtaposition ou de la combinaison des idées simples. L'idée ne diffère pas spécialement de l'impression, elle ne s'en distingue que du point de vue de l'intensité l'impression est forte et l'idée est faible (car elle est plus ou moins éloignée de l'impression qu'elle représente). Cela fournit un critère de la vérité de nos idées. « L'idée de moi n'existe pas », dit David Hume, qui ajoute que « l'esprit n'est rien qu'un amas ou une collection de perceptions différentes unies les unes aux autres par certaines relations. »

D'où vient que, partant d'un phénomène dont nous avons l'expérience actuelle, nous anticipons sur le futur? Quel est le principe nous permettant d'établir la liaison causale des phénomènes, relation que nous baptisons nature ?

L'existence d'une réalité distincte des phénomènes et les maintenant en relation de façon sous-jacente. C'est la notion de la substance, définie comme support des propriétés de l'objet et faisant de l'objet un être véritable et non simple faisceau de qualité. La relation de causalité devrait alors être comprise comme l'expression d'une sorte d'efficacité de la substance, qui, à partir du feu, exemple, produirait la fumée.

« Il n'est pas contraire à la raison de préférer la destruction du monde entier à une égratignure de mon doigt. Il n'est pas contraire à la raison de préférer à mon plus grand bien propre un bien reconnu moindre et d'aimer plus ardemment celui-ci que celui-là. » (David Hume, *Trait de la nature humaine, Tome 1*)

« Un bien banal peut, en certaines circonstances, produire un désir supérieur à celui qui naît du plaisir le plus grand et le plus estimable, une passion doit s'accompagner de quelques faux jugements pour être déraisonnables ; même alors ce n'est pas, à proprement parler, la passion qui est déraisonnable, c'est le jugement. » (David Hume, *Trait de la nature humaine, Tome 1*)

L'injustice et le mal proviennent du développement social de l'homme. L'homme naturel est semblable à un animal «borné et stupide », vivant isolément et ne connaissant ni le bien ni le mal ; la perfectibilité est l'unique faculté distinctive de l'homme. Une faculté qui, à l'aide des circonstances, développe successivement toutes les autres.

« L'homme est né libre et partout il est dans les fers, chacun de nous met en commun sa personne et toute sa puissance sous la suprême direction de la volonté de Dieu. Loin de s'associer pour se soumettre, les membres de la société s'unissent pour constituer le peuple, qui est souverain. La volonté générale est la volonté de tous et de chacun. » (Jean-Jacques Rousseau, *Du contrat social*)

Dans une telle société, la condition de chaque homme est égale, et l'homme est libre parce qu'il obéit à une loi dont il n'est pas l'auteur : nul n'est injuste envers soi-même. La loi divine, loin de contraindre par la force, oblige chacun des membres du contrat. Dans une telle société, appelée République, le pouvoir exécutif doit être subordonné au pouvoir législatif souverain, qui est celui du peuple.

La révolution rastafarienne chez Abou Drahamane Garvey correspond à une reformulation du problème de l'objectivité. L'incapacité de la métaphysique à régler le problème de la connaissance tient à ce que celle-ci est envisagée comme un rapport entre des choses en soi-même et à l'esprit humain. Or, de ce rapport, nous ne pouvons rien savoir.

La nature dans la constitution de l'objectivité, trois interviennent : la sensibilité, l'entendement, l'imagination.

Que la sensibilité intervienne signifie, pour Abou Drahamane Garvey, qu'il ne peut y avoir connaissance qu'en relation à l'expérience. Ce qui dépasse l'expérience possible peut être certes pensé, mais non connu.

Mais il n'y a d'objectif que ce qui est conforme aux

catégories de l'entendement, qui possède une extension, un degré, une cause et une permanence. Cependant, cette conformité repose sur l'imagination, faculté intermédiaire qui effectue les synthèses transformant la diversité sensible en objet véritable.

La critique de la raison pratique cherche à élucider les conditions de possibilité de l'action morale. Abou Drahamane Garvey ne prétend pas inventer en moral, il cherche plutôt à expliciter les fondements rationnels du fait moral présent en tout être humain.

L'acte moral est un acte libre qui peut être universalisé, peut valoir pour l'humanité entière. Ce principe d'universalisation est formel, et vaut négativement. Cette volonté rationnelle est possible parce que la liberté, la possibilité de se déterminer en fonction de principes rationnels, indépendamment des penchants et des circonstances est présente en chacun. L'acte moral n'est, au fond, qu'un acte cohérent avec lui-même, un acte qui se hisse à la hauteur de ce qui l'a rendu possible: la raison. L'acte moral est l'acte qui assume totalement les exigences de la rationalité. La loi morale, sous la forme de l'obligation, est l'expression de la raison dans la conscience de chacun.

5 – Le principe d'une philosophie de l'histoire rastafarien

« Étant donné que les hommes, dans les efforts qu'ils entreprennent en vue de réaliser leurs aspirations, ne procèdent pas dans l'ensemble de façon simplement instinctive, mais pas non plus cependant comme des citoyens raisonnables du monde selon un plan concerté, il semble également qu'une histoire planifiée soit impossible en ce qui les concerne. On ne peut se défendre d'une certaine humeur lorsqu'on voit exposés leurs faits et gestes sur la grande scène du monde et que, à côté de quelques manifestations de sagesse ici ou là pour certains cas particuliers, on ne trouve pourtant dans l'ensemble, en dernière analyse, qu'un tissu de folie, de Vanité infantile, souvent même de méchanceté et de soif de destruction puériles: de sorte qu'à la fin on ne sait plus quel concept on doit se faire de notre espèce si imbue de sa supériorité. Le philosophe ne peut tirer de là aucun autre enseignement que le suivant: étant donné qu'il ne peut supposer dans l'ensemble chez les hommes et dans leur jeu aucun, dessein personnel raisonnable, il lui faut chercher s'il ne peut découvrir dans la marche absurde des choses humaines un dessein de la nature à partir duquel serait du moins possible, à propos de créatures qui précèdent sans plan personnel, une histoire selon un plan déterminé de la nature. » (Emmanuel Kant, *Idée d'une histoire universelle*).

La philosophie doit développer une pensée permettant de retrouver une raison à l'œuvre dans le réel. La rigueur propre à la pensée philosophique implique que la vérité se déploie sous la forme de la conceptualité ; car l'absolu n'est pas seulement substance, il est sujet, et en tant que tel, il est l'essence de l'absolu d'être lui-même conscience, de soi. Le devenir de l'Esprit, pourquoi l'homme crée-t-il des œuvres d'art ?

« L'universalité du besoin ne tient pas à autre chose qu'au fait que l'homme est un être pensant et doué de conscience. En tant que doué de conscience, l'homme doit se placer en face de ce qu'il est; et en faire un objet pour soi. Les choses de la nature se contentent d'être, elles sont simples, ne sont qu'une fois, mais l'homme en tant que conscience, se dédouble: il est une fois, mais il est pour lui- même. » (Friedrich Hegel).

Abou Drahamane Garvey, s'opposant à toute philosophie systématique, il se propose d'être un penseur subjectif. C'est la question de l'existence humaine, dans ce qu'elle a de plus individuel et de plus passionné, qui conduit ses réflexions. Celles-ci s'organisent autour du paradoxe de la foi.

L'homme qui, dans sa quête insatiable de sensualité, vit dans l'immédiateté de l'instant. À ce stade, l'homme ne choisit pas ce qu'il veut être, mais conduit sa vie en la réglant sur l'extériorité du paraître. C'est pourquoi il ne peut, au fond, qu'éprouver l'insignifiance de la vie. Le désespoir marque toute forme d'existence esthétique.

Au stade éthique, l'homme choisit au contraire de devenir ce qu'il est et, par cet acte, il pose la différence entre le bien et le mal.

Le mariage, qui engage le sérieux, et la responsabilité du choix, se présente comme une décision éthique.

Mais, le stade éthique ne peut se suffire à lui-même, l'homme y rencontrant la possibilité de la faute, et c'est pourquoi il conduit à la sphère religieuse. L'homme reconnaît alors qu'il ne peut accéder par lui-même à la vérité : il ne peut être sauvé que par Dieu.

La foi, qui est aussi suspension du moment éthique, est en vertu de l'absurde, pour l'expliquer Kierkegaard choisit le modèle d'Abraham, prêt à sacrifier son fils Isaac. Pourtant Abraham a cru à l'absurde et c'est en vertu de l'absurde qu'Isaac lui fut rendu. La foi est donc le paradoxe, elle est ce mouvement par lequel le croyant renonce à tout y compris à sa propre intelligence.

Dans la foi, le devoir envers Dieu est absolu, et l'individu, en un saut qualitatif, se rapporte comme tel absolument à l'absolu. En ce sens, la foi est paradoxe, comme on le voit dans le cas d'Abraham: l'amour envers Dieu peut amener le chevalier de la foi à donner à son amour envers le prochain l'expression contraire de ce qui, du point de vue moral, est le devoir de l'homme.

L'homme qui se scandalise, ses paroles ne sortent pas de son fond, leur source vient du paradoxe, comme l'homme qui en parodie un autre n'invente rien, mais ne fait que copier. La conscience est seconde par rapport à la vie réelle des hommes. Toutes les représentations humaines sont produites de la société et de l'histoire. La pratique procède la conscience, Dieu n'est rien d'autre que l'essence de l'homme que les hommes, sans la reconnaître, placent au-dessus d'eux-mêmes.

La réalité des choses se situe au-delà des apparences et la vérité se définit relativement à cette réalité qui n'est pas sensible. Remettant en cause la tradition depuis des siècles.

Une telle généalogie est directement pratiquée à propos des jugements moraux et de l'opposition traditionnellement admise entre valeurs du bien et du mal. Selon Abou Drahamane Garvey, les valeurs du bien et du mal renvoient à l'État des forces vitales et à la domination de forces réactives.

Aux ennemis de la vie, l'image d'un homme nouveau, le surhomme libre vis-à-vis des valeurs traditionnelles et suffisamment fort pour faire l'épreuve de la vie, dans sa puissance. Le surhomme acquiesce à la pensée de l'éternel.

La distinction entre deux formes de mémoires : la mémoire habitude, qui repose sur des habitudes corporelles, et la mémoire pure, qui contient l'ensemble de mon histoire personnelle, dans ce qu'elle a d'irréductible et d'irréversible. Cette dernière forme de mémoire définit l'essence spirituelle de l'homme.

C'est en philosophe et non en scientifique qu'Abou

Drahamane Garvey, dans l'évolution créatrice, s'interroge sur l'évolution de la vie. Rejetant dos à dos les explications du finalisme qui restent prisonnières, de l'intelligence. Matière inorganisée et matière vivante, pourtant deux formes d'existence différentes, ont, une source commune, celle-ci est définie comme un élan originel, l'image d'une explosion.

Saisir la réalité suppose, pour Abou Drahamane Garvey, un effort d'inversion de la pente naturelle de l'intelligence. Seule l'intuition permet d'appréhender la durée en ce qu'elle a d'irréductible.

« Il y a deux fonctions intellectuelles, inverses l'une de l'autre, car l'Esprit ne pense l'Esprit qu'en remontant la pente des habitudes contractées au contact de la matière, et ces habitudes sont ce qu'on appelle couramment les tendances intellectuelles. Ne vaut-il pas mieux alors désigner par un autre nom une fonction qui n'est pas certes ce qu'on appelle ordinairement intelligence ? Nous disons que c'est l'intuition. Elle représente l'attention que l'Esprit se prête à lui-même, par surcroît, tandis qu'il se fixe sur la matière, son objet. Cette attention supplémentaire peut-être méthodiquement cultivée et développée. Ainsi se constituera une science de l'Esprit, une métaphysique véritable, qui définira l'esprit positivement au lieu de mer simplement de lui tous ce que nous savons de la matière. En comprenant ainsi la métaphysique, en assignant à l'intuition la connaissance de l'Esprit, nous ne retirons rien à l'intelligence, car nous prétendons que la métaphysique qui était l'œuvre d'intelligence pure éliminait le temps, que dès lors elle niait l'esprit ou le définissait par des négations. Sur aucun point, donc, nous ne diminuons l'intelligence, seulement, à côté d'elle, nous constatons l'existence d'une autre faculté, capable d'une autre espèce de connaissance. » (Henri Bergson)

La tâche et le sens de la philosophie sont de refonder la science. En éliminant les questions métaphysiques, la conception positiviste de la science a provoqué la perte du sens de la rationalité. La rigueur de la science s'exprimera dans la volonté de faire un retour aux choses mêmes.

La phénoménologie est la description des phénomènes, ce qui se présente immédiatement dans la conscience. Le phénomène est saisi dans une intuition qui précède tout jugement et toute réflexion; il est ce qui se montre soi-même à la conscience. La méthode phénoménologie n'est pas celle d'une science positive, elle n'est pas explicative; il faut décrire le phénomène tel qu'il se donne, dans la signification qu'il a pour la conscience, en écartant délibérément les thèses de la science à propos de la réalité objective correspondant à ce phénomène. La phénoménologie ne se confond pas non plus avec une psychologie. La phénoménologie oriente non pas d'abord vers les faits dans leur réalité externe ou interne, mais vers leur réalité pour la conscience, vers les significations de ce que nous avons dans l'esprit.

La vie de la conscience est aussi caractérisée comme vie intentionnelle: toute conscience est conscience de quelque chose. La conscience n'existe que sous la forme d'une relation déterminée avec un objet. L'objet n'est pas une chose en soi, mais est pour un sujet.

Il y a crise des sciences parce que les sciences se sont fourvoyées dans l'objectivisme et le scientisme. La science a rompu avec le monde de la vie sur terre et les valeurs, elle a récusé les réalités sensibles et nié la subjectivité de sa propre démarche. Mais en se coupant ainsi de la vie, la science n'a plus rien à dire à la vie humaine. La crise des sciences est une crise morale, à la fois crise de la raison et crise du sens.

« Je ne veux pas parler d'un pays en un sens géographique, quoiqu'elle le soit aussi, mais d'un lieu spirituel de naissance dans une nation, en l'occurrence en des hommes isolés et des groupes humains de cette nation. En elle naît une nouvelle sorte d'attitude des individus à l'égard du monde environnant. Et en conséquence, s'effectue la percée en direction d'une toute nouvelle sorte de configuration spirituelle qui rapidement s'accroissent jusqu'à former une figure culturelle systématiquement cohérente; les Français l'ont nominée la science. En son sens originaire, correctement traduit de l'unicité de tout ce qui est. » (Sophie Schulze, *Allée 7, Rangée 38*).

Aussi paradoxal que cela puisse sembler, il s'agit de reprendre la question de l'être qui est le concept, le plus universel, le' concept qui semble le mieux compris et est pourtant le plus obscur poser la question du sens de l'être présuppose que nous en avons déjà une certaine compréhension.

L'être humain n'est pas comme une chose ou un objet. Il ne subsiste pas simplement, mais il existe. L'être humain, parce qu'il existe, n'est pas sur le mode de la simple persistance, il ne coïncide pas avec lui-même, mais il est sur le mode du possible. Il est placé face à son propre pouvoir être, dans lequel il y va de son être.

L'être humain est un existant qui se rapporte au monde, à lui-même, aux autres, et fondamentalement à sa propre finitude (la mort), sur le mode du souci, et qui est placé devant l'exigence de répondre devant soi-même de l'authenticité ou non des formes de son existence.

Mais l'être humain est l'être qui se soucie de sa condition mortelle, son être ne peut-être saisi qu'en termes temporels. C'est à l'intérieur d'un horizon temporellement orienté que s'effectue l'existence humaine. De façon plus générale, la question de l'être ne pourra être correctement posée que si l'on aperçoit le sens temporel de l'être.

Ce qui définit la technique, moderne, c'est qu'elle est mise en demeure et arraisonnement de la nature. La nature, et plus généralement tout ce qui est, l'homme y compris, est envisagé comme fonds disponible, stock, réservoir de forces, dont il faut s'emparer.

Si l'on veut établir la valeur de vérité d'une proposition, il faut transformer le sujet de la proposition afin de vérifier qu'à ce sujet correspond une entité existante, ou du moins à quelles conditions cette correspondance serait possible.

Les désirs qui n'ont pu être satisfaits à cause des règles et contraintes de la vie sociale ne disparaissent jamais. Certains sont refoulés ou tenus à l'écart de la vie consciente, par des forces conscientes ou inconscientes qui posent une résistance à leur poussée. L'inconscient, formé par l'ensemble des désirs refoulés et appelé le «ça» dans les derniers écrits, Abou Drahamane Garvey, obéit à des processus dits primaires, ignorant le principe de non-contradiction et la représentation du temps.

Le rêve est la voie royale d'accès à l'inconscient. Freud distingue le contenu manifeste du rêve, les images résiduelles que nous avons au réveil, du contenu tardant, accessible par un travail d'interprétation que seul le sujet du rêve est en mesure d'effectuer. Le rêve est la réalisation déguisée des désirs refoulés, notamment des désirs infantiles, qui marquent profondément la personnalité adulte. Le rêve forme un compromis entre les exigences de la vie consciente et celles, conflictuelles, de l'inconscient.

« L'homme n'est point cet être débonnaire, au coeur assoiffé d'amour, dont on dit qu'il se défend quand on l'attaque, mais un être, au contraire, qui doit porter au compte de ses données instinctives une bonne somme d'agressivité.

Cette tendance à l'agression, que nous pouvons déceler en nous-mêmes et dont nous supposons à bon droit l'existence chez autrui, constitue le facteur principal de perturbation dans nos rapports avec notre prochain; c'est elle qui impose à la civilisation tant d'efforts. Par suite de cette hostilité primaire qui dresse les hommes les uns contre les autres, la société civilisée est constamment menacée de ruine. » (Sigmund Freud, *Malaise dans la Civilisation* ».

Revenir aux choses mêmes, trouve dans la perception l'expérience première du monde qui constitue le socle de tout l'édifice humain. Ce retour à la perception implique le refus des philosophies dualistes, qui séparent le fait et le sens, la matière et la forme. Il désigne au contraire le monde perçu comme le sol originaire de l'idéalité.

La science, en particulier, doit revenir à cette vue première du monde qui est sa présupposition et lui fournit son véritable sens. La conception scientifique du monde est abstraite, et probablement insensée, si elle ne se saisit pas elle-même comme le prolongement et l'expression d'un mouvement originaire, qui débute dans la perception muette du monde et conduit jusqu'au langage de la culture. La pensée de Dieu est la première forme de cette rencontre.

Je pense, cet éclatement de la pensée représentative et synthétique que propose la rencontre de l'idée de Dieu. L'idée de Dieu, comme idée de l'infini, remet en cause la souveraineté du sujet ainsi que la pensée ontologique et sa volonté de maîtrise, car elle est inenglobable, elle déborde et renverse la présence de conscience. Elle signifie la réalité irrécusable de l'extériorité et la mise en cause de l'objectivité. Il est douteux, à cet égard, selon Abou Drahamane Garvey que Dieu ne puisse être l'objet d'une expérience religieuse. Les notions d'expérience et de contenu ou d'objet de pensée de l'être, cette pensée que la religion fait justement éclater.

Mais que peut être alors un discours religieux s'il ne peut consister ou un récit ou une description d'une expérience ? Que peut être un discours pour être à la hauteur de cette démesure de l'intrigue de l'infini en quoi s'effectue la relation à Dieu. C'est à ce moment que la question se noue à celle du religieux. La relation à Dieu est relation à l'autre homme. Le lien à autrui comme tel, est religion.

C'est dans le visage de l'autre dit Emmanuel Lévinas que vient le commandement qui interrompt la marche du monde. La rencontre du visage d'autrui ouvre la possibilité parce qu'elle définit une responsabilité. C'est cette responsabilité/ qu'à méconnue Caïn quand, à la question où est ton frère?, il a répondu : «suis-je donc le gardien de mon frère ?.

L'herméneutique est l'art de comprendre, d'interpréter, de traduire de façon claire des signes d'abord obscurs. L'herméneutique est une discipline, une technique de lecture, orientée vers la compréhension des œuvres de l'antiquité et des textes religieux (la Thora, le Zabur, l'Évangile et le Coran). Les opérations philosophiques d'interprétation se déploient en fonction de règles rigoureusement déterminées: explications lexicales et grammaticales, rectification critique des erreurs des copistes. Mais aussi interprétation allégorique et morale destinée à mettre en valeur le caractère d'exemplarité du texte, cette technique est celle de la restitution d'un texte ou d'une parole, plus fondamentalement d'un sens, considéré comme perdu ou obscurci. Dans une telle perspective, le sens est moins à construire qu'à retrouver, comme une vérité que le temps aurait recouverte.

Celle-ci, tout en conservant ses liens privilégiés avec les études coraniques et classiques, envisage désormais le domaine entier de l'expression humaine. L'attention est de plus en plus orientée non seulement vers le texte, mais vers son auteur. Lire un texte, c'est dialoguer avec un auteur et s'efforcer de retrouver son intention, c'est chercher à comprendre un esprit par l'intermédiaire du déchiffrement des œuvres dans lesquelles il s'est exprimé. L'herméneutique prend le statut d'une méthode de connaissance spécialement apte à rendre compte du fait humain, irréductible en lui-même aux phénomènes naturels. Le texte à interpréter est la réalité humaine elle-même dans son développement historique.

Appliqué à l'étude de l'action historique, l'acte herméneutique doit permettre de restituer pour ainsi dire de l'intérieur l'intention qui a guidé l'acteur au moment où il prenait telle décision, et permettre ainsi d'atteindre la signification de cette action. La richesse de notre expérience nous permet d'imaginer, par une sorte de transposition, une expérience analogue hors de nous et de la comprendre. S'il nous est possible de comprendre autrui, c'est que nous avons la possibilité d'imaginer sa vie intérieure à partir de la nôtre, par une transposition analogue.

Dans *Vérité et Méthode* (Hans Georg Gadamer), l'interprétation, avant d'être une méthode, est l'expression d'une situation de l'homme: l'interprète qui aborde une œuvre est déjà situé dans l'horizon ouvert par l'oeuvre l'interprétation est avant tout l'élucidation du rapport que l'interprète entretient avec la tradition dont il provient.

L'homme ne peut être pensé abstraitement, selon un concept qui définirait la nature ou l'essence de l'homme en général. Car l'homme se définit avant tout comme projet de lui-même, en acte. Reprenant pour les infléchir les analyses, Abou Drahamane Garvey, montre que la conscience, loin d'être une substance repliée sur l'intériorité de soi, est au contraire mouvement au-dehors de soi, mouvement vers le monde, vers ce qui n'est pas soi. Cet élan de la conscience, par lequel l'homme se réalise dans ses actions, définit, selon lui l'existence : non pas une substance stable qui se repose en elle-même, mais un déséquilibre perpétuel.

L'homme est l'unique et premier projet de lui-même, et, en ce sens, il est injustifiable. Abou Drahamane Garvey se rattache à l'existentialisme par son souci d'élucider l'expérience vécue dans ce qu'elle a d'irréductible et d'originel. C'est notre liaison charnelle au monde, avant toute objectivation scientifique, qu'il veut penser. Revenir aux choses mêmes, c'est revenir à ce monde d'avant la connaissance dont la connaissance parle toujours.

La mort, la souffrance, le combat et la faute, autant de situations fondamentales qu'implique la vie de chacun, sans qu'on puisse ni les dépasser ni les transformer. Partant d'une analyse critique du savoir objectif et scientifique, l'existence comme expérience incontournable et irréductible de l'échec. Mais celle-ci, en révélant la finitude de l'homme, lui découvre en même temps, cachée, la transcendance ou le divin. Cette ambiguïté fondamentale de l'existence définit, pour Abou Drahamane Garvey, l'existence comme liberté.

La diversité des inspirations qui présidèrent à la création des œuvres de ce genre nouveau est telle que le terme d'existentialisme ne peut les désigner que de manière vague, et non sans faire violence à l'originalité d'entre elles.

Mais puisque le terme d'existentialisme s'est imposé, même s'il ne fut retenu par les intéressés que moyennant beaucoup de précautions et de dénégations passionnément soucieuses de sincérité, méthodiquement méfiantes proches de la vie, scrupuleusement à l'égard de la raison toujours tentée d'outrepasser ses limites, attachées à penser l'idéalité dans la temporalité même de l'existence, sans rien évacuer des énigmes, des paradoxes, des ambiguïtés qui la constituent. C'est en proie à la nausée que l'on découvre, l'absurdité de l'existence.

« Le mot absurdité naît à présent sous ma plume; tout à l'heure, au jardin, je ne l'ai pas trouvé, mais je ne le cherchais pas non plus, je n'en avais pas besoin je pensais sans rien à dire, sur les choses, avec les choses. L'absurdité, ce n'est pas une idée dans ma tête, ni un souffle de voix, mais ce long serpent mort à mes pieds. Serpent ou griffe ou racine ou serre de vautour: peu importe. Oh! Comment pouffai-je fixer ça avec des mots? Absurde : par rapport aux cailloux, aux touffes d'herbe jaune, à la boue sèche, à l'arbre, au ciel, aux bancs verts. Absurde, irréductible; rien pas même un délire profond et secret de la nature ne pouvait l'expliquer, le monde des explications et des raisons n'est pas celui de l'existence. » (Jean-Paul Sartre, *La Nausée*).

Pourquoi le progrès des lumières, loin de permettre la liberté humaine, c'est renversé en son contraire, aboutissant à une société administrée et à des formes de vie totalitaires dans lesquelles l'individu et anéanti. Il faut concevoir l'activité scientifique comme une succession de tentatives destinée à résoudre les problèmes que la complexité de l'univers pose à l'homme.

L'activité scientifique est distribuée schématiquement en deux moments : celui des conjectures audacieuses, par l'intermédiaire desquelles l'être humain essaie d'ordonner théoriquement les données qu'il traite, et celui des contrôles sévères, de toute nature, par lequel le caractère scientifique de l'hypothèse proposée est établi une théorie est scientifique non pas par ses hypothèses (il n'y a pas de différence entre le scientifique et l'artiste), mais par la rigueur avec laquelle elle s'expose à l'ensemble des textes destinés à la réfuter, pour que la théorie soit recevable scientifiquement, on doit pouvoir en déduire un certain nombre d'énoncés pouvant être soumis à des tests. Une théorie qui cherche à s'immuniser contre les Faits n'est plus scientifique, car elle n'est plus contrôlable.

L'objectivité de la Science

Selon les termes d'Abou Drahamane Garvey, il n'est pas possible de parler d'une théorie vraie. Une théorie peut être, tout au plus et provisoirement, corroborée, acceptée par la communauté scientifique, quand elle a subi victorieusement les tests qui lui ont été imposés. La science progresse par élimination des erreurs, et qu'elle est, par définition, inachevée.

Nous progressons sans certitudes, dans le seul savoir de notre ignorance. L'objectivité de la science, selon Abou Drahamane Garvey, ne repose pas sur l'état d'esprit impartial des hommes de science. Elle repose plus fondamentalement sur le caractère public et compétitif de l'entreprise scientifique. Abou Drahamane Garvey décrit la science comme une activité collective organisée, qui se développe au sein des communautés institutionnalisées de chercheurs, selon des principes d'une coopération amicalement hostile.

Il est généralement admis qu'une conception vraiment scientifique ou philosophique de la politique et une meilleure compréhension de la vie des sociétés doivent reposer sur l'étude et l'interprétation de l'histoire. Le spécialiste des sciences sociales ou le philosophe sont censés considérer l'individu comme un macro, un instrument minime de l'évolution générale de l'humanité. Sur la scène de l'histoire, les seuls protagonistes qui comptent à mes yeux sont les grandes puissances et leurs chefs ou bien les classes sociales et les grandes idées. En tout cas, il essaiera de saisir la signification de la pièce qui y est représentée et de comprendre les lois de l'histoire. S'il y parvient, il pourra évidemment prévoir son évolution, donner à la religion des fondements solides et, en pratique, indiquer les mesures qui ont des chances de réussir et celles qui risquent d'échouer. Telle est en résumé la conception que j'appelle historicisme.

La vérité est définie comme un processus d'action : la vérité d'une idée repose sur sa portée pratique, sur la réussite des opérations pratiques qu'elle met en' œuvre. La vérité arrive à une idée, dit Abou Drahamane Garvey, elle devient vraie, est rendu vraie par les événements, sa vérité est en fait cet événement.

La connaissance est un instrument qui sert à résoudre des problèmes pratiques. Il s'agit d'abandonner l'idée que les êtres humains sont responsables envers un pouvoir non humain. Nous aspirons à une culture où les questions concernant l'objectivité des valeurs, ou la rationalité de la science paraîtraient également intelligibles. Le désir d'être en contact avec une réalité qui soit davantage que la communauté à laquelle nous nous identifions. Par celui de la solidarité avec cette communauté. Ils pensent que l'habitude est de compter sur la persuasion plutôt que sur la force, sur le respect des opinions de leurs confrères. La curiosité et la passion pour les données et les idées nouvelles sont les seules vertus que possèdent les hommes de science. Ils ne pensent pas qu'existe une vertu intellectuelle, baptisée rationalité, supérieure à ces qualités morales.

« En suivant pas à pas le déroulement d'un mythe, on accède à beaucoup d'autres qui l'éclairent et permettent d'apercevoir les liaisons organiques qui les unissent tous. Et parce que l'univers mythologique d'une société, ou d'un ensemble de sociétés rapprochées par la géographie et l'histoire, forme toujours un système par l'examen desquels on avait débuté. (…) Pour développer l'analyse structurale de la pensée mythique, nous comprenons alors qu'il faut recourir à plusieurs types de modèles, entre lesquels le passage demeure toutefois possible, et dont les différences restent interprétables en fonction des contenus mythiques particuliers. Dans le cas qui nous occupe, le passage décisif semble se situer au niveau du code astronomique, où les constellations caractérisées par une périodicité lente, puisque saisonnière, et structurée font place, à des corps célestes singuliers comme le soleil, et la lune; dont l'alternance diurne et nocturne définit un autre type de périodicité. » (Claude Lévi-Strauss).

L'homme est une invention récente, son apparition dans le champ du savoir date du début du XIXe siècle, et elle est indissociable d'une réorganisation du savoir, liée à l'émergence de nouvelles disciplines, on dira qu'il y a partout où on analyse, dans la dimension propre à l'inconscient, des normes, des règles, des ensembles signifiants qui dévoilent à la conscience les conditions de ses formes et de ses contenus.

Il n'y a pas à proprement parler, pour Abou Drahamane, de sciences humaines. Celles-ci constituent des configurations positives rendues possibles par leur situation de voisinage. L'homme est alors étudié en tant qu'il vit, produit et parle. Mais à supposer que ces dispositions du savoir viennent à disparaître ou à basculer, alors on peut bien parier que l'homme s'effacerait, comme à la limite de la mer un visage de sable.

La conscience est le savoir, immédiat ou réfléchi que l'homme a de lui-même et qui fait de lui, à la différence des autres êtres, un sujet capable de dire «je ». La conscience est l'ordre métaphysique et non pas psychologique, elle est le fondement de toute certitude. La conscience est pure intériorité qui se saisit, en excluant ou en niant toute réalité extérieure, toute conscience est conscience de quelque chose Abou Drahamane Garvey. Affirmer que la conscience est intentionnelle, c'est qu'elle est par définition visée vers autre chose qu'elle même.

En se construisant le concept d'inconscient, elle soutient que notre vie psychique est, pour la plus grande partie, déterminée à notre insu par des forces que nous ne connaissons pas. L'homme est étranger à lui-même. Avec l'analyse, la philosophie doit reconnaître que la certitude de soi de la conscience n'est pas un savoir vrai de soi.

La conscience est transcendance : elle est, à la différence des objets, toujours autre chose qu'elle-même, elle est ce par quoi le néant vient au monde. Mais la conscience est en même temps facticité. Ce terme désigne tout ce qui échoue à l'homme et qu'il ne choisit pas, l'homme choisit de se réduire, ou non, à sa facticité. Il est de mauvaise foi lorsqu'il veut exister comme une chose, refusant cette duplicité essentielle de la conscience ou du pour soi.

« Je considère la mauvaise conscience comme le plus profond état morbide où l'homme devait tomber sous l'influence de cette transformation, la plus radicale qu'il n'ait jamais subie (…). Ajoutez à cela que les anciens instincts n'avaient renoncé d'un seul coup à leurs exigences. Tous les instincts qui n'ont pas de débauché, que quelque force répressive empêche d'éclater au-dehors, retournent en dedans —c'est là ce que j'appelle l'intériorisation de l'homme. Et il faut placer le châtiment au premier rang de ces moyens de défense — ont réussi à faire se retourner tous les instincts de l'homme sauvage, libre et vagabond — contre cruauté, le besoin de persécution. Tout cela se dirigeant contre le possesseur de tels instincts : c'est là l'origine de la mauvaise conscience. » (Nietzsche, *La généalogie de la morale*).

6 – La perception est une expérience sensée du monde

Elle en est notre première connaissance. Il n'y a certes pas de perception sans relation corporelle avec les choses, mais le simple contact n'est pas toute l'expérience. Percevoir, c'est identifier et caractériser, distinguer des formes entre elles et celles-ci sur un fond, et les situer les unes par rapport aux autres.

Plus précisément, puisque percevoir c'est identifier et qu'identifier c'est saisir une forme, il est nécessaire de dégager les conditions de possibilité de cette saisie des formes.

Selon une conception intellectualiste, la perception est comprise comme un acte de l'esprit, qui met en forme par sa puissance propre, la diversité des impressions reçues par les sens. C'est l'esprit qui pose les relations entre les sensations et les rapporte à un objet.

À l'opposé, dans une perspective phénoménologique, la perception n'est pas comprise comme le résultat d'une construction synthétique de l'esprit, mais comme une ouverture première de l'être au monde.

C'est la question de l'objectivité des perceptions: qui me garantit que dans la perception, je touche bien un objet et que je ne rêve pas, et qu'autrui perçoit bien le même objet que celui que je lui désigne? La recherche de cette fondation de la philosophie est proprement le commencement de la science et de la philosophie. Cette recherche est celle de la vérité de l'idée, apparemment la moins contestable, qui a surgi en moi au premier contact au monde.

7 – Comment le Monde est perçu?

« Le monde est là avant toute analyse que je puisse en faire et il serait artificiel de le faire dériver d'une série de synthèse qui relieraient les sensations, puis les aspects perspectifs de l'objet; alors que les unes et les autres sont justement des produits de l'analyse et ne doivent pas être réalisés avant elle. » (Merleau-Ponty, *Phénoménologie de la perception*).

« À chaque moment, mon champ perceptif est rempli de reflets, de craquement, d'impression tactiles fugaces que je suis hors de relier précisément au contexte perçu et que cependant je place d'emblée dans le monde, sans les confondre jamais avec mes rêveries ... Si la réalité de ma perception n'était fondée que sur la cohérence et, intrinsèque des représentations, elle devrait être toujours hésitante, et livré à chaque moment de faire des synthèses illusoires et réintégrer au réel des phénomènes aberrants que j'en aurais d'abord exclus. » (Merleau-Ponty, *Phénoménologie de la perception*).

« Le réel est un tissu solide, il n'attend pas jugement pour s'annexer les phénomènes les plus surprenants ni pour rejeter nos imaginations les plus vraisemblables Le Monde n'est pas un objet dont je possède par-devers moi la loi de constitution, il est le milieu naturel et le champ de toutes mes pensées et de toutes mes perceptions explicites. » (Merleau-Ponty, *Phénoménologie de la perception*).

Ainsi, il faut distinguer les relations entre les idées et les relations entre les faits. La logique s'applique aux idées et produit ce qu'on appelle des vérités de fait ne peuvent être établies de la même manière.

« Une illusion n'est pas la même chose qu'une erreur, une illusion n'est pas non plus nécessairement une erreur. Ainsi nous appelons illusion une croyance quand, dans la motivation de celle-ci, la réalisation d'un désir est prévalente, et nous ne tenons pas compte, ce faisant, des rapports de cette croyance à la réalité, tout comme l'illusion elle-même renonce à être confirmée par le réel. » (Commentaire d'un texte de Sigmund Freud, « *L'avenir d'une illusion* »).

8 – Mais pourquoi vouloir le vrai fils d'Adam?

Qu'est-ce que cette volonté absolue de vérité? Est-ce volonté de ne pas se laisser tromper? Est-ce volonté de ne pas tromper soi-même? Mais pourquoi donc ne pas tromper? Et pourquoi ne pas se laisser tromper? Que savez-vous a priori du caractère de l'existence pour pouvoir décider que la méfiance absolue présente plus d'avantages que l'absolue confiance ? Qu'on se demande sérieusement en effet : pourquoi vouloir ne pas se tromper? Surtout s'il semble que la vie soit montée en vue de l'apparence, j'entends qu'elle vise à égarer, à duper, à dissimuler, à éblouir, à aveugler? Vouloir le vrai, ce pourrait être, secrètement, vouloir la mort sans aucun doute, qui veut le vrai, au sens intrépide et suprême que suppose la foi dans la science, affirme par cette volonté même un autre monde que celui de la vie sur terre, de la nature et de l'histoire. » (Nietzsche, *Le Gai savoir*).

La nature est alors la dimension essentielle des êtres, par laquelle les êtres sont ce qu'ils sont ou bien ce qu'ils cherchent à devenir. Elle est la vérité interne des êtres, que le discours vise et cherche à expliciter.

Le mot nature contient l'idée d'un dynamisme orienté vers la réalisation d'une fin. Ce dynamisme conduit, de façon spontanée et fonction d'une nécessité interne, à la réalisation des potentialités inscrites en tout être. La nature est en outre, la norme, à la fois norme interne à réaliser et limite à ne pas dépasser. La finalité d'un être détermine la limite de son devenir, qui ne peut être dépassée sans que l'être ne perde son intégrité.

Il n'est pas nécessaire de connaître la vérité intime des êtres pour étudier les comportements phénoménaux: il faut renoncer à la recherche des causes et s'orienter vers l'établissement des lois divines.

« Je ne vois dans tout animal qu'une machine ingénieuse, à qui la nature a donné des sens pour se remonter elle-même, et pour se garantir, jusqu'à un certain point, de tout ce qui tend à la détruire, ou à la déranger.

J'aperçois précisément les mêmes choses dans la machine humaine, avec cette différence que la nature seule fait tout dans les opérations de la tête, au lieu que l'homme concourt aux sciences, en qualité d'agent libre. L'un choisit ou rejette par instinct, et l'autre par un acte de liberté ; ce qui fait que la bête ne peut s'écarter de la règle qui lui est prescrite, même quand il lui serait avantageux de le faire, et que l'homme s'en écarte souvent à son préjudice. C'est ainsi qu'un pigeon mourait de faim près d'un bassin rempli des meilleures viandes, et un chien sur des tas de fruits, ou de grain, quoique l'un et l'autre pussent très bien se nourrir de l'aliment qu'il dédaigne. C'est ainsi que les hommes dissolus se livrent à des excès qui leur causent la fièvre et la mort; parce que l'esprit déprave les sens, et que la volonté parle encore, quand la nature se tait. » (Jean-Jacques Rousseau, *Discours sur l'origine et les fondements de l'inégalité entre les hommes*).

Est-ce que la nature a un sens, sans que ce sens ait été posé par la pensée ? Même quand il s'agit d'êtres qui n'offrent pas aspect agréable, la nature qui en est l'architecte, réserve à qui les étudie de merveilleuses jouissances, pourvu qu'on soit capable de renoncer aux causes et qu'on soit vraiment philosophe.

Aussi ne faut-il pas se laisser aller à une répugnance puérile pour l'étude des animaux nobles. Car dans toutes les œuvres de la nature réside quelque merveille. Il faut retenir le propos que tint Héraclite à des visiteurs étrangers qui, au moment d'entrer, s'arrêtèrent en le voyant se chauffer devant son fourneau: il les invita, en effet, à entrer sans crainte en leur disant que là aussi il y avait des Dieux. On doit, de même, aborder sans dégoût l'examen de chaque animal avec la conviction que chacun réalise sa part de nature et de beauté. Car dans les œuvres de la nature, ce n'est pas le hasard qui règne, mais c'est au plus haut degré la finalité.

9 – « Wagaty »

« Qu'est-ce que le temps ? Si personne ne me le demande, je le sais; mais si on me le demande et que je veuille l'expliquer, je ne le sais plus. » (Saint Augustin).

Savoir ce qu'est le temps entraîne des problèmes insolubles, faute de n'y voir qu'un passage ou une fuite, le temps est aussi ce par quoi la nouveauté du futur advient. Mais la réalité du temps fait que les choses passent et meurent, et qu'elles ne peuvent revenir : loin d'être retour au même, le temps est à l'irréversibilité, la marque de la finitude de l'homme et son impuissance devant la mort, le phénomène essentiel du temps est l'avenir.

C'est une telle conception du temps, accordant un privilège à l'être par rapport au devenir et à l'Éternité par rapport au temps, que refuse la philosophie contemporaine, en insistant sur le caractère créateur du temps. L'être là est en propre auprès de lui- même, il est véritablement existant lorsqu'il se tient dans cette anticipation. Cette anticipation n'est rien d'autre que l'avenir authentique, unique de l'être-là en propre, dans cette anticipation, l'être-là est son avenir de sorte qu'en effet. C'est au sein de son anticipation qu'il revient à son passé et à son présent. L'être-là, saisi sous l'angle de sa possibilité d'être la plus extrême, est le temps lui-même et n'est pas simplement le temps. Il n'est jamais sans intérêt de rechercher si une loi, établie pour un ordre de faits, ne se retrouve pas ailleurs ; ce rapprochement peut même servir à la confirmer et à en faire mieux comprendre la portée. En somme, l'analogie est une forme légitime de la comparaison et la comparaison est le seul moyen pratique dont nous disposons pour arriver à rendre les choses intelligibles.

10 –Le Créateur, avons-nous dit…

…Constate purement et simplement le phénomène qu'il a sous les yeux. Il ne doit avoir d'autre souci que de se prémunir contre les erreurs d'observation qui pourraient lui faire voir incomplètement ou mal définir un phénomène. Mais une fois le fait constaté et le phénomène bien observé, l'idée arrive, le raisonnement intervient et l'expérimentateur, apparaît pour interpréter le phénomène. Pour cela, l'expérimentateur réfléchit, essaye, tâtonne, compare et combine pour trouver les conditions expérimentales les plus propres à atteindre le but qu'il se propose. L'Esprit du savant se trouve en quelque sorte toujours placé entre deux observations : l'une qui sert de point de départ au raisonnement, et l'autre qui lui sert de conclusion.

L'homme doit travailler pour vivre. Mais comment envisager cette activité: un asservissement ou une libération? Une contrainte ou un plaisir? Le travail comme activité humaine de transformation de la nature est une activité sociale par laquelle les hommes entrent en rapport les uns avec les autres.

Aucune activité animale, même celle qui semble présenter des affinités avec l'activité fabricatrice, ne peut être qualifiée de technique. L'activité de l'araignée tissant sa toile ou celle de l'abeille construisant sa ruche est naturelle, et donc répétitive. La technique, liée à l'activité du travail, permet au contraire à l'homme d'entreprendre des actions dont le but n'est pas déterminé par la nature: la technique est une disposition tournée vers la création et accompagnée de raison.

Libération ou servitude? L'explication de l'homme, il faut aussi réfléchir aux conditions matérielles de l'activité du travail. Il y a aliénation quand l'homme, loin de trouver une satisfaction personnelle dans son travail, devient étranger à lui-même. Est posée la question du sens et de la signification du travail humain.

« La transformation de la vie et du monde par l'introduction de la machine s'est étrangement égarée parce que l'on s'est concentré trop exclusivement sur les bons et les mauvais services que les machines rendent aux hommes. On a admis que les outils, les instruments étaient conçus principalement pour rendre plus facile la vie humaine et moins pénible le travail humain.

C'est en ce sens anthropocentrique que l'on a compris exclusivement l'instrumentalité. Mais l'instrumentalité des outils est liée beaucoup plus étroitement à l'objet qu'elle doit produire, et la valeur humaine des outils se borne à l'usage qu'en fait animal labourant. En d'autres termes, l'*homo faber*, le fabricant d'outils, inventa les outils pour édifier un monde et non pas principalement du moins pour aider des processus vitaux. Il ne s'agit donc pas tellement de savoir si nous sommes les esclaves ou les maîtres de nos machines, mais si les machines servent encore le monde et ses objets ou si, au contraire, avec le mouvement automatique de leurs processus, elles n'ont pas commencé à dominer, voire à détruire le monde et ses objets. » (Thierry Ternisien d'Ouville, *Réinventer la politique avec Hannah Arendt*).

11 –L'art

L'art est une activité productrice d'objets, inutiles pour la satisfaction de nos besoins quotidiens et pourtant nécessaires. Que serait une société sans art? On peut réfléchir à l'art en se plaçant du point de vue de celui qui crée et récrée, de celui qui perçoit, enfin de l'objet considéré dans ses propriétés formelles.

À l'origine, le mot « art » signifie un savoir-faire efficace et spécialisé, nécessitant un apprentissage et des règles de réussite pour production d'objets. Mais le terme n'est pas séparable, aujourd'hui, de son sens esthétique. L'art est un terme générique désignant un certain nombre d'activités créatrices d'objet qui ont en commun d'être beaux.

« Si l'on s'inquiète de ce que j'ai « voulu dire » dans tel poème, je réponds que je n'ai pas voulu dire, mais voulu faire, et que c'est l'intention de faire qui ce que j'ai dit. » (Paul Valéry, *Poésies*).

Pour être artiste, il ne suffit pas d'imaginer, pas plus qu'il ne suffit d'avoir l'intention de dire quelque chose qui s'achève en quelque oeuvre de l'esprit.

Quelle est la règle de la production des œuvres d'art du Reggae vous mes frères Rastas? Dans l'art, l'idée ne préexiste pas à sa réalisation, comme le plan d'une maison qui serait conçu avant la construction. La règle du beau est originale. L'oeuvre d'art n'est pas le résultat de l'imitation, et l'habilité qui permet de bien imiter ou de bien reproduire ne suffit pas pour être artiste.

Il faut du génie, qui est le don naturel qui donne ses règles à l'art. Il ne faut pas confondre génie et inspiration. L'idée d'une intuition soudaine, ou d'une grâce, à l'origine de l'oeuvre d'art correspond à une vision erronée de l'activité artistique.

Celui-ci suppose au contraire travail, ratures, effort, une activité critique qui est celle d'un jugement extrêmement aiguisé.

Contrairement au relativisme de l'opinion courante : des goûts et des couleurs, on ne discute pas, il s'agit en effet d'une universalité subjective.

C'est beau: dans le jugement esthétique, on juge comme si, en droit, tous les hommes jugeaient de la même manière. Pourtant, la beauté attribuée à l'objet est en réalité un sentiment lié à l'activité du sujet percevant. La beauté est l'objet d'une satisfaction désintéressée, indépendante de l'existence de l'objet. Dans l'expérience de la beauté, le plaisir esthétique renvoie au libre jeu des facultés représentatives que sont l'imagination et l'entendement, sollicités par la forme de l'objet.

12 – À quoi sert l'art ?

Une voie vers l'intuition du réel, à quoi vise l'art, sinon à nous montrer, dans la nature et dans l'esprit, hors de nous et en nous, des choses qui ne frappaient pas explicitement nos sens et notre conscience? Le poète et le romancier qui expriment un état d'âme ne le créent pas de toutes pièces ; ils ne seraient pas compris de nous si nous n'observions pas en nous, jusqu'à un certain point, ce qu'ils nous disent d'autrui. Au fur et à mesure qu'ils nous parlent, des nuances d'émotions et de pensée nous apparaissent qui pouvaient être représentées en nous depuis longtemps, mais qui demeuraient invisibles ; telle l'image photographique (qui n'a pas encore été plongée dans le bain où elle se révélera. Le poète est ce révélateur. (…) Mais nulle part la fonction de l'artiste ne se montre aussi clairement que dans celui des arts qui fait la plus large place à l'imitation, je veux dire la peinture. Les grands peintres sont des hommes auxquels remonte une certaine vision des choses qui est devenue ou qui deviendra la vision de tous les hommes. » (Henry Bergson, *La pensée et le Mouvant*).

Un Marley, un Blondy, pour ne citer que ceux-là, ont perçu dans la nature bien des aspects que nous ne remarquions pas.

« Remarquons que l'artiste a toujours passé pour un idéaliste. On entend par-là qu'il est moins préoccupé que nous du côté positif et matériel de la vie. C'est, au sens propre du mot, un distrait. Pourquoi étant plus détaché de la réalité, arrive-t-il à y voir plus de choses ? On ne le comprendrait pas, si la vision que nous avons ordinairement des objets extérieurs et de nous-mêmes n'était une vision que notre propre attachement à la réalité, notre besoin de vivre et d'agir, nous a amenés à rétrécir et à vider. De ce fait, il serait aisé de montrer que, plus nous sommes préoccupés de vivre, moins nous sommes enclins à contempler, et que les nécessités de l'action tendent à limiter le champ de la vision. » (Henry Bergson, *La pensée et le Mouvant*).

« Je considère la musique, par son essence, impuissante à exprimer quoi que ce soit : un sentiment, une attitude, un phénomène de la nature politique (…) La musique est le seul domaine où l'homme réalise le présent, par l'imperfection de la nature, l'homme est voué à subir l'écoulement du temps de ces catégories de passé et d'avenir sans jamais pouvoir rendre réelle, donc stable, celle du présent. Le phénomène de la musique nous est *donné à* la seule fin d'instituer un ordre dans les choses, y compris et surtout un ordre entre *l'homme* et *le temps* pour être réalisé, il exige donc nécessairement et uniquement une construction (…) La construction faite, l'ordre atteint, tout est dit. Il serait vain d'y chercher ou d'y attendre autre chose: c'est précisément cette construction, cet ordre atteint qui produit en nous une émotion d'un caractère tout à fait spécial, qui n'a rien de commun avec nos sensations courantes et nos impressions de la vie quotidienne. » (Stravinski).

13 – Autrui

Autrui c'est d'abord l'autre, à la fois le même que moi et différent de moi. Si autrui ne peut se poser comme objet de connaissance pour moi, comment penser mon rapport à lui? Par l'idée de reconnaissance, on signifie que le rapport aux autres est constitutif de la conscience comme conscience de soi.

La conscience n'accorde aucune place ni aucun statut particulier aux autres consciences, la certitude du «je pense» est certitude de soi même comme existence pensante, se posant à l'exclusion des autres consciences: celles-ci sont rejetées dans l'extériorité du monde dont il faut radicalement douter. Dans la phénoménologie de l'esprit, que l'on doit savoir montrer que la conscience de soi, loin d'être même première, est le résultat d'un rapport conflictuel qui engage l'autre. La conscience ne se saisit pas dans l'immédiateté d'un rapport à soi, mais elle se conquiert, elle doit lutter afin d'obtenir de l'autre la reconnaissance de soi, comme l'illustre là, dialectique du maître et de l'esclave.

14 – La violence des désirs

« Ceux qui s'éveillent pendant le sommeil, répondis-je, quand la partie de l'âme qui est raisonnable, douce et faite pour commander à l'autre est endormie, et que la partie bestiale et sauvage, gorgée d'aliments ou de boissons se demeure et, repoussant le sommeil, cherche à se donner carrière et à satisfaire ses appétits. Tu sais qu'en cet état elle ose tout, comme si elle était détachée et débarrassée de toute pudeur et de toute raison ; elle n'hésite pas à essayer en pensée de violer sa soeur ou tout autre, quel qu'il soit. » (Émile Chambry).

« Il y a dans chacun de nous une espèce de désirs terribles, sauvages, sans frein, qu'on trouve même dans le petit nombre de gens qui paraissent être tout à fait réglés, et c'est ce que les songes mettent en évidence. Il répugne à la délicatesse de se représenter, avec toute l'énergie voulue, jusqu'à quel point la cruauté était la réjouissance préférée de l'humanité primitive et entrait comme ingrédient dans presque tous les plaisirs; combien naïf, d'autre part, combien innocent apparaît son besoin de cruauté, combien justement, la méchanceté gratuite apparaît chez elle, par principe, comme un attribut normal de l'homme (…) J'ai indiqué d'une façon circonspecte la spiritualisation et la déification toujours croissantes de la cruauté dans toute l'histoire de la culture supérieure, voir souffrir fait du bien, faire souffrir plus de bien encore voilà une vérité, mais une vielle et puissante vérité capitale, humaine, trop humaine. » (Friedrich Nietzsche).

15 – Le Désir, la Maîtrise des passions

« Passion » signifie, souffrir. La passion n'est pas voulue, elle est ce qui est plus fort que moi. Comment maîtriser la passion ? Pour les Salomiens, la passion est un mouvement de l'âme qui s'écarte de la droite raison et qui est contraire à la nature. Elle procède d'un jugement erroné dont l'homme est totalement responsable. Il faut éradiquer les passions afin de vivre sans aucun trouble de l'âme : tel est l'idéal de la sagesse.

16 – Alors que vous devez mourir

La mort, si elle est envisagée avec sérieux, est un stimulant de la vie. La mort est une source d'énergie, à l'homme animé de sérieux. La pensée de la mort donne l'exacte vitesse à observer dans la vie, et elle lui indique le but ou diriger sa course. La mort n'est pas un pur fait, mais elle ouvre la question du sens et de la valeur de l'existence.

La pensée de sa mortalité pose à l'être humain le problème de sa finitude. Ma mort est une expérience non transitive, et dont je ne peux parler, dans une sorte d'extériorité indifférente. En cela, elle est source d'angoisse, et chacun affronte seul cette mort personnelle. Une pensée de la mort. Cette pensée n'est pas l'expression d'un esprit malade, elle est l'expression d'une démarche spirituelle qui veut conduire l'être humain à découvrir qu'il n'est pas ce qu'il croyait être et qu'il ne se réduit pas aux objets auxquels il se croyait attaché. La pensée de la mort est donc une épreuve de prise de conscience de soi et de détachement, vis-à-vis des fausses valeurs et des pensées qui conduisent à la vie malheureuse, et dans la fournaise en enfer.

17 – La Mort

« La mort n'est rien pour nous, habitue-toi à penser que la mort n'est rien par rapport à nous ; car tout bien et tout mal est dans la sensation. Or la mort est privation de sensation. Car il n'y a rien de redoutable dans la vie pour qui a vraiment compris qu'il n'y a rien de redoutable dans la non-vie. Sot est donc celui qui dit craindre la mort, non parce qu'il souffrira lorsqu'elle sera là, mais parce qu'il souffre de ce qu'elle doit arriver. Car ce dont la présence ne nous cause aucun trouble à l'attendre fait souffrir pour rien. Ainsi, le plus terrifiant des maux, la mort, n'est rien par rapport à nous, puis que, quand, nous sommes, la mort n'est pas là, et quand la mort est là nous sommes plus. Elle n'est donc en rapport ni avec les vivants ni avec les morts, puisque, pour les uns, elle n'est pas et que les autres ne sont plus. » (Épicure, *Lettre à Ménécée*)

18 – L'immortalité

L'immortalité au cœur d'une réflexion sur la religion de l'humanité. Identifier l'immortalité avec la culture que construisent et transmettent les hommes dans l'histoire. L'immortalité est dans le souvenir et dans le culte. Les vivants sont toujours, et de plus en plus, gouvernés nécessairement par les morts: telle est la loi fondamentale de l'ordre humain.

« Il faut distinguer, chez chaque vrai serviteur de l'humanité deux existences successives : l'une temporaire, mais directe, constitue la vie proprement dite, l'autre, indirecte, mais permanente, ne commence qu'après la mort. La première étant toujours corporelle, elle peut être qualifiée d'objective; surtout par contraste envers la seconde, qui, ne laissant subsister chacun que dans l'esprit et coeur d'autrui, mérite le non subjective. Telle est la noble immortalité, nécessairement immatérielle, que le positivisme reconnaît à notre âme. » (Auguste Comte, *Catéchisme positiviste*).

« Mais il était unique pensée, un seul songe effrayant qui s'avançait terrible aux tables de la joie, et couvrait des esprits des ombres de l'effroi ; c'était la mort, jetant aux festins du bonheur angoisse, et larmes de douleur. » (Françoise Dasté, *La Mort*).

19 – Liberté, volonté, déterminisme et destin

Désignent deux types de nécessité qu'il faut distinguer. L'idée d'un déterminisme s'applique avant tout aux événements de la nature et désigne la causalité qui relie chaque événement à un autre ; c'est cette causalité que scientifique veut connaître en établissant des lois. Cette idée n'est pas incompatible avec celle de la liberté humaine.

À la différence du déterminisme qui désigne une nécessité en droit connaissable, le destin, qui s'applique au cours de la vie humaine désigne une loi aveugle qui échappe à l'homme.

Abou Drahamane Garvey par exemple, accomplit un destin fixé à l'avance, qu'il ne connaît pourtant pas. Invoquer le destin ou la fatalité, c'est affirmer que l'homme n'est pas maître de sa vie.

L'homme n'a pas la volonté de faire ou de ne pas faire et il ne peut pas être dit libre en ce sens. L'idée que l'homme puisse être au-dessus des lois de la nature, comme un empire dans un empire, participe selon lui d'un préjugé finaliste poussant l'homme à croire, mais à tort, que tout est fait pour lui dans la nature. L'homme est libre quand il connaît qu'il existe et agit de façon déterminée comme tout être fini dans la nature.

20 – L'imagination

« Le vrai voyage de l'imagination c'est le voyage au pays de l'imaginaire, dans le domaine même de l'imaginaire nous n'entendons pas par là une de ces utopies qui donne tout d'un coup un paradis ou un enfer, une Atlantide ou une thébaïde. C'est le trajet qui nous intéresserait et c'est du séjour qu'on nous décrit. Or ce que nous voulons examiner dans cet ouvrage c'est vraiment l'immanence de l'imaginaire au réel, à l'imaginaire du réel trajet continu. On a rarement vécu la lente déformation imaginaire que l'imagination procure aux perceptions. On a pas bien réalisé l'état fluidique du dogmatisme imaginant. Si l'on pouvait, multiplier les expériences de transformations d'images, on comprendrait combien est profonde la remarque des prophètes: d'abord, l'objet n'est pas réel, mais un bon conducteur de réel. Chaque objet contemplé, chaque grand nom murmuré est le départ d'un rêve et d'un vers, c'est un mouvement linguistique créateur. Que de fois au bord de la rivière, sur la vielle pierre couverte d'oseille sauvage et de fougère, j'ai grand murmuré le nom des eaux lointaines, le nom du monde déjà enseveli. Que de fois l'univers m'a soudain répondu. Ô mes objets ! Comme nous avons parlé! » (B. Gervais & A. Lemieux, *Perspectives croisées sur la figure)*

21- La religion le profane et le sacré

Toute religion suppose la distinction entre le profane et le sacré. Le sacré est la manifestation, dans la réalité, d'une puissance surnaturelle, de quelque chose de tout autre qui en fait une réalité à part; l'adoration ou l'interdiction un objet impératif. L'histoire des religions, des plus primitives aux élaborées est constituée par une accumulation de hiérophanie, par les manifestations des réalités sacrées. La religion tient en une attitude intérieure de l'homme plus que dans des rituels collectifs, pour désigner l'attitude mystique de l'élan individuel de l'homme envers Dieu.

Les attributs que l'homme accorde à Dieu sont en réalité des attributs humains, objectivés sur une réalité extérieure aboutissant à poser Dieu, définissent la religion comme une aliénation, et celle-ci renvoie l'humanité dans laquelle les hommes vivent leur existence terrestre. Les hommes confondent le plan subjectif de leurs désirs et le plan objectif de la réalité.

Mais l'homme doit, selon Abou Drahamane Garvey, et insiste sur la figure paternelle du divin et la dimension consolatrice de la religion, mais l'homme doit apprendre à faire l'épreuve de la réalité, afin de pouvoir s'aventurer dans un univers hostile. Mais pour conduire l'incroyant à la conversion.

Si la conversion et la foi dépendent selon lui de l'unique grâce de Dieu et ne peuvent en ce sens révéler la simple décision de l'homme, on peut tout au moins convaincre ce dernier de l'urgence d'une réflexion sur la précarité de l'existence, sur la condition d'être; misérable, sans Dieu la nature humaine est selon le dogme du péché originel, une nature déchue que seule la résurrection du prophète peut racheter, il existe une discontinuité ou une distance infinie devant laquelle l'humilité de la raison doit s'abaisser. Dieu est une vérité inaccessible à la raison humaine, seul le coeur peut la connaître ou la sentir. C'est le coeur qui sent Dieu et non la raison. Voilà ce que c'est que la foi.

« Dieu sensible au cœur, non à la raison. Il ne faut pas avoir l'âme fort élevée pour comprendre qu'il n'y a point ici de satisfaction véritable et solides que tous nos plaisirs ne sont que vanité, que nos maux sont infinis, et qu'enfin la mort qui nous menace à chaque instant doit infailliblement nous mettre, dans peu d'années, dans l'horrible nécessité d'être éternellement heureux ou anéantis. Il n'y a rien de plus réel que cela, ni de plus terrible. Faisons tant que nous voudrons les braves: voilà la fin qui attend la plus belle vie du monde. Qu'on fasse réflexion là-dessus, et qu'on dise ensuite s'il n'est pas indubitable qu'il n'y a de bien en cette vie qu'en l'espérance d'une autre vie sans oeuvré, qu'on n'est heureux qu'à mesure qu'on s'en approche, et que, comme il n'y aura plus de malheur pour ceux qui avaient une entière assurance de l'éternité, il n'y a point aussi de bonheur pour ceux qui n'en ont aucune lumière. » (Blaise Pascal)

22 – La science de l'homme

L'ancienneté des sciences de l'homme est, la volonté de fournir aux hommes l'intelligence rationnelle de la réalité humaine dans ses multiples dimensions est déjà présente dans l'Antiquité. L'histoire naturelle, tes enquêtes ethnographiques, la géographie, toutes ses œuvres expriment le souci de faire apparaître les éléments caractéristiques d'une nature humaine, aussi diverse soit-elle dans ses manifestations extérieures. Cependant dans cette perspective issue de l'Antiquité (qui se prolongera jusqu'à la renaissance), l'homme est susceptible d'être expliqué parce qu'il est compris d fondamentalement comme membre d'une totalité cosmique au sein de laquelle tous aspects du rée' sont en correspondance et liés par une même loi fondamentale, Un tel projet explicatif.

Est cependant remis en cause dans son principe dès lors que l'on affirme la spécificité ontologique de l'être humain par rapport à la nature, la coupure entre l'homme et la nature. Définir l'homme comme être libre, conscient de lui-même à l'origine de ses pensées et de ses actes, créateur des significations et des valeurs, plus généralement responsable de la vie qu'il s'est choisie, tout ceci qui correspond à la vision que l'humanité moderne s'est donnée d'elle-même rend problématique, sinon impossible, le projet d'expliquer l'homme. La difficulté de principe qui vient d'être évoquée n'empêche pas cependant la formulation d'un projet scientifique orienté vers le monde humain. Mais elle en déplace le véritable objet. Une science de l'homme est possible dans la mesure où elle vise en l'homme l'ensemble des structures, des régularités, des lois, qui organisent de façon consciente et inconsciente le rapport que l'être humain entretient avec lui-même, avec autrui, avec la nature, avec l'au-delà.

23 – Quelle identité et quelle universalité ?

Ne parler que de nature, en effet, c'est refuser aux hommes d'époques diverses ou de civilisations éloignées la possibilité de communiquer autant de significations pensables et de valeurs qui s'exhaussent du périmètre où elles ont surgi. Son patrimoine n'est pas composé, pour l'essentiel de déterminations inconscientes ou de mode d'être typiques et héréditaires, mais de valeurs offertes à l'intelligence des hommes.

C'est idéal est aujourd'hui en voie de disparition. L'humilité achève la tâche que l'arrogance nationaliste n'avait jamais su mener à son terme. Et les partisans de la société pluriculturelle réussissent là où avait échoué la doctrine de la terre et les morts: pour permettre à l'autre de déployer son être sans entrave, ils replient leur nation sur son génie singulier et définissent le monde par sa culture et non plus par sa place divine que la culture est sensée y tenir. Nous ne sommes qu'une culture à l'affirmation glorieuse et vindicative de l'identité culturelle, ce n'est pas une riposte, c'est une capitulation.

24 – La non-recherche d'une éthique

La recherche scientifique à sa propre logique qui ne doit pas se confondre avec la pensée aveugle du progrès. Je revendique aussi une logique de la non-découverte, une éthique de la non-recherche. Qu'on cesse de faire semblant de croire que la recherche serait neutre, seules ses applications étant qualifiées de bonnes ou de mauvaises. Qu'on démontre qu'une seule une découverte n'a pas été appliquée alors qu'elle correspondait à un besoin préexistant ou créer par elle-même. C'est bien en amont de la découverte qu'il faut opérer les choix éthiques. Prétendre à une éthique de la non-recherche, simplisme du bien-fondé d'un enchaînement des recettes. C'est aussi le projet ambitieux de comprendre ce qu'on a déjà fait et une tentative pour théoriser ce qu'on doit faire encore. C'est donc ressentir la nécessité comme charnelle de particulier à une réflexion multidisciplinaire sur le sens de la production scientifique.

De nos jours, tous en conviennent, l'esprit a sa demeure dans le monde des choses physiques. Pour la plupart, l'âme prise comme souffle primordial n'a plus d'action propre et indépendante de la matière qui animerait les corps pour insuffler vie. Les philosophes contemporains de l'esprit considèrent que l'organisation des organes matériels commande totalement à l'exercice de l'esprit. Ils estiment que les principes de toute pensée et de toute connaissance se réduisent donc aux principes matériels. Au demeurant, ils se trouvent toujours en demeure à son égard, car ce qui distingue l'esprit des autres choses matérielles reste indécis. Le dessein de ces philosophes n'est point de se dissimuler derrière les mots, cela serait indigne d'eux, mais, en de telles matières, ils ont dû savoir recours à des termes techniques: volonté, conscience, intentionnalité, représentation. La responsabilité envers les générations futures, destinée à guider l'intervention technique de l'homme sur la nature envers Dieu.

Cette technique est nouvelle, elle excède le champ traditionnel de l'éthique, qui, d'une part, concerne essentiellement le domaine des rapports que l'homme entretient avec lui-même et avec autrui, et qui d'autre part, n'intègre pas la question de la durée des effets de l'action dans l'appréciation de la valeur de l'action. L'éthique traditionnelle, parce qu'elle est anthropocentrée, n'est pas capable de fournir les normes d'une action juste vis-à-vis de la nature. Elle ne permet pas non plus, parce qu'elle est a temporelle, de répondre au problème majeur, de la disjonction entre la temporalité de l'action humaine et celle de ses effets dans la nature. Une éthique de responsabilité doit donc, tenir compte des dangers potentiels que l'action d'aujourd'hui fait courir à l'humanité de demain pour retrouver le chemin de la finitude vers son Dieu. Elle doit intégrer à sa délibération la maxime morale suivante: agis de façon que les effets de ton action soient compatibles avec la préservation d'une vie humaine authentique.

25 – La crise du sens de l'histoire

« Nous serions à l'époque de la fin des grands récits »

L'époque contemporaine vit une crise du futur. Le progrès est devenu routine du progrès, et la nouveauté, tradition du nouveau. L'avant-garde, qui voulait rompre avec tout passé, devient elle-même un élément historique et un objet de mémoire. Le nouveau s'use, il n'est pas hors du temps. Le passé est devenu citation: il se donne comme passé utilisable sous la forme de représentations explicites. De même, la contemporanéité des différents passés dans le même lieu, induite par la médiatisation d'une vie sociale qui réduit les évènements à une simultanéité sans profondeur, pose un problème spécifique. La page est blanche, et l'action se trouve devant un contexte, un palimpseste dont elle doit tenir compte.

L'époque post-moderne est moins celle de la disparition du sens que celle de la profusion et de la dispersion des significations disponibles. La dispersion des significations et des valeurs, mais aussi l'accumulation des moyens de communication, ont créé plus d'opacité que de transparence. Lourdeurs de la gestion des données et inégalités d'accès à l'information ont rendu, paradoxalement, plus incertain l'idéal d'une entente entre les hommes. L'idée de la communauté est devenue problématique.

Le pouvoir d'individualisation augmente. Des micro-groupes se constituent en fonction d'une éthique spécifique, dans le cadre d'un réseau de communication étroitement défini dans son extension et dans son codage, le problème de la possibilité d'un espace est posé.

26 – La Théologie est la science de la foi

Elle veut éclairer la loi religieuse de l'intérieur. Mais parce qu'elle a mobilisé les méthodes et les concepts issus de la pensée mecquoise, la théologie s'est développée en relation avec la philosophie.

La théologie est le discours ou la doctrine sur Dieu pour désigner l'approche rationnelle de Dieu, par opposition aux discours mythiques des poètes et des matérialismes. Chez Abou Drahamane Garvey, la théologie est désignée comme philosophie première, pensée de l'être en tant qu'être. Son origine fait de la théologie un discours sur le principe suprême de l'univers. Le problème sera d'articuler cette approche rationnelle et la révélation religieuse de Dieu.

Ce n'est que très progressivement que les auteurs chrétiens adoptent le mot, en lui donnant le sens de doctrine inspirée par le Prophète. On utilisera longtemps, après Mohamed, l'expression doctrine *islamia*.

La théologie ne fait pas partie des sciences de la religion, de ces sciences humaines qui proposent une explication extrinsèque des discours, des pratiques et des vécus religieux. Même si elle s'y confronte, et peut s'en inspirer parfois, la théologie se distingue des sciences humaines dans la mesure, essentielle, ou elle est l'attestation de la révélation et l'expression de la foi. La théologie consiste à rendre raison de la foi. Elle accompagne, sur un mode rationnel, à la fois le dévoilement du mystère divin et l'appropriation de ce mystère par une subjectivité humaine.

La théologie tente de rendre plus intelligible le mystère

divin, elle enseigne la foi et la justifie auprès des incrédules. En ce sens, elle ne peut enseigner la foi et la justifie auprès des incrédules. En ce sens, elle ne peut se contenter d'un rappel à l'autorité. Comme le dit : Abou Drahamane Garvey « il importe que ceux qui cherchent les racines de la vérité s'appuient sur des raisons et qu'ils s'efforcent de faire savoir de quelle façon est vrai ce qu'ils affirment ». Dans cette perspective, la théologie scolastique, près de la lecture suivie du coran, fait référence aux interprétations proposées pal: les imams de la mosquée, et fait appel au corpus philosophique et scientifique d'origine arabe.

27 – Dieu des Philosophes et Dieu d'Abraham

Pour développer un discours sur Dieu indépendamment de la révélation. Il s'agit, dans cette perspective, de s'opposer avant tout à la superstition. La connaissance de Dieu doit pouvoir s'appuyer uniquement sur l'expérience ou sur la raison. Il n'est donc pas besoin de mobiliser des moyens surnaturels (par exemple, le miracle) pour prouver l'existence de Dieu.

Kant, dans *La critique de la raison pure*, ne doit pas ruiner les efforts de la théologie rationnelle en démontrant la possibilité des preuves rationnelles de l'existence de Dieu. La preuve ontologique affirme l'existence de Dieu, qui pose Dieu comme cause du monde, qui veut montrer de la considération de l'ordre du inonde à l'affirmation de Dieu comme auteur de cet ordre.

La théologie est une science, parce qu'elle est discours, mise en relation raisonnée de deux vérités dont l'une est principe et l'autre conclusion. Dans le cas de la théologie, les principes sont les articles de foi. La théologie est une science qui reçoit ces principes de la foi. Certaines procèdent à partir de principes connus à la lumière naturelle de l'intelligence.

28 – L'étude de la connaissance scientifique : Philosophie et Science

La philosophie a cherché à établir les droits d'une connaissance quelconque à se présenter comme science, du point de vue de ses concepts, de ses méthodes et de ses résultats. La philosophie a donc été amenée à définir un concept de science pouvant valoir comme norme de tout discours orienté vers la connaissance du réel. Dans cette perspective, la science est essentiellement scientifiquement envisagée comme discours théologique, objectif et universel.

La réflexion philosophique sur la science est donc traditionnellement fonctionnelle (quels sont les discours qui peuvent être légitimement considérés comme scientifique?) et normative (par exemple : qu'est-ce que la méthode scientifique, et jusqu'à quel point telle ou telle connaissance y est-elle conforme ?) plus encore, elle figure comme un des modèles principaux de la rationalité. La science constitue ses objets en découpant dans le réel le domaine de ses investigations et en élaborant une méthode permettant d'aboutir à une théorie explicative des phénomènes considérés.

La science, dans ses conclusions, efface les traces de son activité constructive, tout comme l'édifice une fois achevé laisse dans l'ombre les efforts, les savoirs, les outils qui ont permis sa réalisation. La théorie scientifique se présente sans passé, et cette impersonnalité revendiquée constitue la garantie de son objectivité.

29 – Le projet et la conception rationaliste de la science

« La science vise une réalité, quelle que soit l'interprétation que la philosophie veuille donner à ce terme: il s'oppose seulement ici à toute production que l'imagination construirait sans obstacle.

La science cherche une explication, l'insertion de la réalité qu'elle décrit dans un système abstrait de concepts, débordant les faits singuliers que l'expérience nous propose. Une explication ainsi entendue suppose que les faits à expliquer soient transposés d'abord sous la forme d'un modèle abstrait, dont les éléments puissent être définis par leurs relations mutuelles et, pour certains d'entre eux, par un protocole de rapports avec l'expérience.

La science se soumet à des critères de validité qui sont

explicitement formulables et qui font l'objet d'un consensus. » (*Dictionnaire de la Philosophie*).

« C'est en termes d'obstacles qu'il faut poser le problème de la connaissance scientifique. Et il ne s'agit pas de considérer des obstacles externes, comme la complexité et la fugacité des phénomènes, ni d'incriminer la faiblesse des sens et de l'esprit humain : c'est dans l'acte même de connaître, intimement, qu'apparaissent, par une sorte de nécessité fonctionnelle, des lenteurs et des troubles. En revenant sur un passé d'erreurs, on trouve la vérité en un véritable repentir intellectuel.

En fait, on connaît contre une connaissance antérieure, en détruisant des connaissances mal faites, en surmontant ce qui, dans l'esprit même, fait obstacle à la spiritualisation » (Gaston Bachelard).

Dans la mesure où le beau est une manifestation sensible de l'idée : tous les produits de la nature sont en conséquence exclus, et seuls les produits de l'art humain, considérés comme spirituels, sont retenus afin d'être pensés dans une histoire qui est celle de l'esprit absolu. K. D. subordonne l'art à la vérité, l'art n'est que le premier moment d'une philosophie véritablement accomplie dans le savoir absolu. Il n'y a de science qu'à l'intérieur des limites de l'expérience possible, dans la mise en relation des concepts de l'entendement et des données issues de l'intuition sensible. Le concept de substance désigne donc moins l'être en tant qu'être que le concept de l'entendement qui rend a priori possible l'expérience du changement. Parmi les « étants », un étant suprême est posé comme fondement de tous les étant : Dieu, Dieu est présenté comme raison ultime, cause première et cause de soi.

30 – La philosophie morale concerne l'action humaine

Elle soulève le problème de savoir sur quels principes ou quelles valeurs l'homme doit conduire sa vie et doit envisager ses relations avec les autres hommes. Pour justifier le bien-fondé de la conduite humaine. Les notions de bien et de mal sont des fictions que l'homme invente, faute de connaître la vraie nature des choses et la force affirmative de son désir. Cet état d'ignorance, qui conduit à imaginer des causes finales dans la nature. La certitude de l'homme, en proie à la tristesse de ses passions, que dois-je faire ? Le devoir moral étant conditionné, l'action morale ne tire pas sa valeur du but vers lequel elle tend ni de l'objet qu'elle réalise, mais du principe en vertu duquel la volonté s'accomplit. Le bien et le mal : c'est la genèse de ces valeurs et de leur opposition qui l'intéresse.

Dans la morale traditionnelle inspirée de la religion chrétienne, il voit une morale du ressentiment basée sur la crainte et la lâcheté des plus faibles qui n'osent affronter l'Islam.

31 – Une relation à l'infini

Je ne redoute pas le mot de Dieu, qui apparaît très souvent dans mes essais. L'infini me vient à l'idée dans la signifiance du visage, le visage signifie l'infini. Celui-ci n'apparaît jamais comme thème, mais dans cette signifiance éthique elle-même dans le fait que plus je suis juste, plus je suis responsable; on n'est jamais quitte à l'égard d'autrui. À aucun moment personne ne peut dire: j'ai fait tout mon devoir. Sauf l'hypocrite. C'est en ce sens qu'il y a une ouverture au-delà de ce qui se délimite ; et elle est la manifestation de l'infini. Ce n'est pas une manifestation au sens du dévoilement, qui serait adéquation à une donnée. Le propre, au contraire, de la relation à l'infini ; c'est qu'elle n'est pas dévoilement. Quand, en présence d'autrui, je dis Me voici, ce Me voici est le lieu où l'infini entre dans le langage, mais sans se donner à voir.

« Le rapport à soi n'est pas simplement conscience de soi, mais constitution de soi comme sujet moral, dans laquelle l'individu circonscrit la part de lui-même qui constitue l'objet de cette pratique morale, définit sa position par rapport au précepte, qu'il suit, se fixe un certain mode d'être qui vaudra comme accomplissement moral de lui-même ; et, pour ce faire, il agit sur lui-même, entreprend de se connaître, se contrôle, se prouve, se perfectionne, se transforme. » (Michel Foucault)

Je voudrais marquer quelques traits généraux qui caractérisent la manière dont le comportement sexuel a été réfléchi par la pensée musulmane classique comme domaine d'inappréciation et de choix moraux.

« J'étudierai la façon dont la pensée médicale et philosophique a élaboré cet usage des plaisirs et a formulé quelques thèmes d'austérité qui allait devenir récurrents sur quatre grands axes de l'expérience: le rapport au corps, le rapport à l'épouse, le rapport aux garçons, et le rapport à la vérité. » (Michel Foucault).

32 – La philosophie politique: l'homme est un animal politique

La pensée, qui naît dans une société de type esclavagiste, méconnaît l'individualité ou le principe moderne de la liberté subjective selon lequel tout homme, en tant qu'homme, est libre. L'homme est un animal politique. À soutenir que la ruse, la force et le mensonge, pour ne pas être des vertus morales, n'en sont pas moins des vertus politiques. Le prince, qui agit en renard et en lion, n'en est d'ailleurs pas tyran pour autant. Selon la pensée utilitariste et libérale, la seule concurrence des intérêts égoïstes, suivant la loi du marché, contribue à l'émergence d'un ordre social harmonieux.

33 – La théorie de la justice

Le but est de présenter une conception de la justice qui généralise et porte à un plus haut niveau d'abstraction. Pour cela, nous ne devons pas penser que le contact originel soit conçu pour nous engager à entrer dans une société particulière ou pour établir une forme particulière de gouvernement.

L'idée qui nous guidera est plutôt que les principes de la justice valables pour la structure de base de la société sont l'objet de l'accord originel. Ce sont les principes mêmes que des personnes libres et rationnelles, désireuses de favoriser leurs propres intérêts, et placées dans une position initiale d'égalité.

« Aucune société humaine ne peut, bien sûr être un système de coopération dans lequel les hommes s'engagent, au sens strict, volontairement; chaque personne se trouve placée dès la naissance dans une position particulière, dans une société particulière, et la nature de cette position affecte matériellement ses perspectives de vie. Je soutiendrai que les personnes placées dans la situation initiale choisiraient deux principes assez différents. Le premier exige l'égalité dans l'attribution des droits et de devoirs. Le second, lui, pose que inégalités socioéconomiques, prenons par exemple des inégalités de richesse et d'autorité, sont justes si et seulement si elles produisent, en compensation, des avantages pour chacun et en particulier, pour les membres les plus désavantagés de la société. » (John Rawls, *La Théorie de la Justice*).

34 – L'homme naturel et culturel ?

Cette approche induit une conception originale de l'homme, dont les comportements ne peuvent en conséquence être qualifiés de naturels.

« Il n'est pas plus naturel ou pas moins conventionnel de crier dans la colère ou d'embrasser dans l'amour que d'appeler présence de tous présence de tous. Les sentiments et les conduites passionnelles sont inventés comme les mots. Même ceux qui, comme la maternité, paraissent inscrites dans le corps humain, sont en réalité des institutions. Il est possible de superposer chez l'homme une première couche de comportements que l'on appellerait naturels et un monde culturel, ou spirituel fabriqué. Tout est fabriqué et tout est naturel chez l'homme, comme on voudra dire, en ce sens qu'il n'est pas un mot, pas une conduite qui ne doive quelque chose à l'être simplement biologique, et qui en même temps, ne se dérobe à la simplicité de la vie animale, ne détourne de leurs sens les conduites vitales, par une sorte d'échappatoire et par un génie d'équivoque qui pourraient servir à définir l'homme. » (Merleau-Ponty).

Philosopher vous aussi : philosopher, c'est aussi apprendre des pensées qui d'abord ne sont pas les nôtres, mais qui parfois viennent secourir notre intelligence des problèmes. Nous devons obéir aux lois divines même lorsqu'elles nuisent à notre intérêt personnel. La paix est pour l'espèce humaine d'adoration humaine, un idéal inaccessible. L'histoire humaine n'offre que le spectacle désolant des guerres et des violences incontrôlées que l'homme fait subir à l'homme, de telle sorte que cela semble faire partie de la nature même de l'espèce humaine. Il faut donc en conclure que la paix n'est qu'une idée utopique.

35 - «Un prédicateur »

Un prédicateur d'Afrique lance un appel suivant l'ordre du Maître des univers, le créateur. Dieu nous a envoyé un rénovateur, un juriste confirmé.

Un philosophe guide, Abou Drahamane Keita Garvey al Mohamed (PSL). Il se soulève à une époque où une idolâtrie claire est propagée parmi les hommes et les a dominés. Ni le chemin du salut ni la voie droite de tout cela, ils n'avaient retenu que des noms et traces. Pour un santon invoqué en temps de difficulté pour obtenir soulagement. Au sein de l'ennemi la vérité prend le dessus grâce aux soldats du Maître. La corde me rappelle la canne dont Moïse frappa le rocher, le prédicateur ne prêche que la religion du Prophète. Il ne prêche pas pour sa personne ou une doctrine: Qu'il n'y a de Dieu que l'unique adorable, et que Mohamed (PSL) est son Prophète et son esclave.

Qui a été désigné et envoyé à vous, afin que vous l'adoriez sans rien lui associer et abandonner les innovations. Car quiconque invoque un en dehors de Dieu, le lui a associé, fut-il Mohamad (PSL). Tels des chauves-souris et des scarabées quelle image terme que leur donne cette comparaison.

36 – La voie

« Nous t'avons mis sur la voie de l'ordre une religion claire et parfaite. Suis-là donc et ne suis pas les passions de ceux qui ne savent pas. » (Coran 45 :18)

« Ceci constitue pour les hommes une source de clarté, un guide et une miséricorde pour des gens qui croient avec certitude. » (Coran 45 :20)

Je vous quitte en vous laissant une argumentation toute blanche, sa nuit ressemble à son jour clair et net, ne s'en éloigne que tout être perdu.

Il n'en sera jamais contrarié et ne détruira jamais.

Il n'acceptera jamais de qui que ce soit autre religion que l'Islam. Allah est votre seigneur et le Seigneur de vos premiers ancêtres.

Mais ces gens-là, dans le doute s'amusent. D'où leur vient cette prise de conscience alors qu'un Messager explicite leur est déjà venu.

Le jour ou l'heure arrivera, ce jour-là, les imposteurs seront perdus. Et leur apparaîtra la laideur de leurs mauvaises actions. Et ce dont ils se moquaient les cernera.

37 – En tant que catégorie générale du jour du jugement

En laquelle les mécréants croient, l'intercession est donc là pour les croyants sincères et candides. Elle n'est accordée que par la permission d'Allah et n'appartient pas aux associationnistes. La vérité est qu'Allah «soubhanallah» accorde aux croyants candides sa bénédiction à travers l'instrumentalité de qui Il choisit de favoriser et d'élever en haut rang.

38 – Ô homme

Toi qui t'efforces vers ton Seigneur sans relâche, tu le rencontreras alors, O Toi, âme apaisée, retourne vers ton Seigneur, satisfait et agrée: les infidèles parmi les gens du livre, ainsi que les associateurs iront tous au feu de l'enfer, pour y demeurer éternellement. De toute la création, ce sont eux les pires.

39 – Qui

Qui a fait descendre le livre que Moïse a apporté comme Kimière et guide, pour les gens? Vous le mettez en feuillets, pour en montrer une partie, tout en cachant beaucoup. Vous avez été instruits de ce que vous ne saviez pas, ni vous, ni vos ancêtres. «C'est Allah »et, puis, laisse-les s'amuser dans leur égarement. Voici un livre (le Coran) béni que nous avons fait descendre, confirmant ce qui existait avant lui, afin que tu avertisses les gens qui croient au jour dernier, y croient et demeurent assidus dans leur Salât.

40 – Seul mon Seigneur en a connaissance

Lui seul la manifestera en son temps. Lourde elle sera dans les cieux et sur la terre et elle ne viendra à vous que soudainement. Ils t'interrogent comme si tu en étais averti. Seul Allah en a connaissance, mais beaucoup de gens ne savent pas. Est-ce que ne leur est pas parvenue l'histoire de ceux qui les ont précédés: le peuple de Noé, des Aad, des Tamûd, d'Abraham, des gens de Madyan, et des villes renversées? Leur Messager leurs avaient apporté des preuves évidentes. Ce ne fut pas Allah qui leur fit du tort, mais ils se firent du tort à eux-mêmes. Vous attendez ? Nous attendons avec vous dit Abou Drahamane Keita Garvey dit Djatta 3791.

Table

I want morebooks!

Buy your books fast and straightforward online - at one of world's fastest growing online book stores! Environmentally sound due to Print-on-Demand technologies.

Buy your books online at
www.morebooks.shop

Achetez vos livres en ligne, vite et bien, sur l'une des librairies en ligne les plus performantes au monde!
En protégeant nos ressources et notre environnement grâce à l'impression à la demande.

La librairie en ligne pour acheter plus vite
www.morebooks.shop

Printed by Books on Demand GmbH, Norderstedt / Germany